Dieses Buch gehört:

Ein Geschenk von:

Datum:

PETER SCHILD

Eine Frau, die zu rühmen ist

Christlicher Verlag
Voice of Hope

Gewidmet
meiner geliebten
Tochter Jemima
Johanna.

Vergiss nie,
mein Täubchen,
dass der HERR
gnädig ist!

1. Auflage 2022
2. Auflage 2024

Eckenhagener Str. 43
51580 Reichshof-Mittelagger
www.voh-shop.de

Lektorat und Design: Voice of Hope

Bestell-Nr. 875.211
ISBN 978-3-947978-11-3

ISBN 978-3-989672-03-1 – eBook

Soweit nicht anders vermerkt, wurden die Bibelzitate der Schlachter-Bibel 2000 entnommen.

Inhalt

Einleitung

Die Heilige Schrift zeigt in wunderbarer Klarheit, was Gott sich gedacht hat, als Er die Frau erschuf, und wozu Er sie geschaffen hat. Wer Ihn fürchtet, auf Sein Wort hört, sein Herz gemäß Gottes heiligem Wort verändern lässt und so lebt, wie es Gott gefällt, so dass Er verherrlicht wird, der findet den wahren, erfüllenden Sinn des Lebens. – Möge der Herr Jesus Christus jeden einzelnen Leser dieses kleinen Buches segnen. Möge Er Gnade zum Lesen und Ausleben dieser biblischen Anleitung schenken.

»Anmut ist trügerisch und Schönheit vergeht, aber eine Frau, die den HERRN fürchtet, die wird gelobt werden.«

Sprüche 31, 30

Ich möchte mich in diesem Buch mit allem Respekt an die Frauen und Mädchen richten.

Es soll um die Frage gehen, was es bedeutet, als Frau gemäß dem Wort Gottes zu leben.

Auch für die Männer sollte dieses Thema interessant sein; denn wenn ein heiratswilliger Mann nach einer Frau Ausschau hält, dann sollte er wissen, auf welche Merkmale er achtzugeben hat. Außerdem ist es für einen verheirateten Mann wichtig zu wissen, für welche Merkmale und Eigenschaften er seine Frau wirklich zu schätzen und zu ehren hat. Und für einen Vater, der eine Tochter hat, ist es wichtig zu wissen, welche Eigenschaften er in ihr fördern sollte.

Zu Anfang möchte ich eine Frage stellen:

Was macht eine Frau wirklich bewundernswert?

Nun, selbstverständlich sollte man jeder Frau mit Hochachtung und Höflichkeit begegnen; aber welche Frau verdient denn Lob, Anerkennung und Ruhm?

WAS SAGT WOHL DIE WELT DAZU?

Sie wird auf diese Frage vielleicht antworten: die erfolgreiche Frau, die groß Karriere gemacht hat, die es geschafft hat, sich in der »männerdominierten Arbeitswelt« zu behaupten, sich zu emanzipieren, sich durchzusetzen und allem Widerstand zum Trotz eine hohe Führungsposition einzunehmen; die Frau, die allen Männern ein für alle Mal gezeigt hat: Was ihr könnt, das kann ich schon lange!

Ist so eine Frau zu rühmen, die ihr Leben in ihre Karriere investiert hat, die etwas erreicht hat? Zumindest lehrt uns die Gesellschaft, dass Hausfrauen und »Full-Time-Mütter« nichts wert seien, nichts geleistet hätten – so meint man. Ihre Arbeit wird in unserer Gesellschaft nicht als Beruf anerkannt. Aber die Karrierefrauen, das seien die Heldinnen, das sei das erstrebenswerte Ideal unserer Zeit. – Das ist die eine laute Stimme in unserer Gesellschaft.

Gleichzeitig wird den Damen aber auch noch ein anderer Eindruck vermittelt, überall um uns herum, vor allem in den Medien. Und diese Stimme sagt: Worauf es ankommt, liebe Frau, ist, dass du gut aussiehst. – Welche Frauen sind bewundernswert? Welche Frauen werden bejubelt in unserer Gesellschaft? Wer steht denn im Rampenlicht? Es sind die Damen auf den Zeitschriften-Covern, die Hollywoodstars, diese attraktiven Frauen. Sie sind beliebt; sie sind die Vorbilder, auf die alle voller Bewunderung schauen: die Frauen mit den perfekten Körpermaßen, den perlweißen Zähnen und dem strahlenden Lächeln, bei denen alles, Haut und Haare, seidenglatt ist, die die schönsten Kleider in Glanz und Glamour tragen, sich schmücken und alle mit ihrem Charme verzaubern und in den Bann ziehen. Solche Frauen sind beliebt, berühmt und werden bejubelt. Das sagt unsere Gesellschaft.

ABER WAS SAGT EIGENTLICH GOTTES WORT?

»Anmut ist trügerisch und Schönheit vergeht, aber eine Frau, die den HERRN fürchtet, die wird gelobt werden« (Sprüche 31,30).

Es heißt hier: Anmut ist trügerisch, Anmut ist oft einfach eine Lüge. Was ist Anmut? Es bedeutet so viel wie Lieblichkeit. Anmut bedeutet: eine Frau, die von ihrer Gestalt her, von ihrem Aussehen und ihren Bewegungen her entzückend ist; eine ganz reizende Dame mit Ausstrahlung, bezaubernd, allerliebst; eine Frau mit Charme, die eine Anziehungskraft hat.

Gottes Wort sagt uns aber: »Anmut ist trügerisch«, ist lügnerisch, führt in die Irre, denn sie kann Menschen blenden und die eigentliche Wahrheit verbergen. Genauso auch Schönheit: »Anmut ist trügerisch und Schönheit vergeht.« – Frauen können attraktiv und schön sein; alles an ihnen »stimmt«, sie haben ein makelloses, perfektes Aussehen, so wie »Models«, würden die Leute sagen. Aber Gottes Wort sagt: Schönheit ist eitel, nichtig, vergänglich. Anmut und Schönheit sind trügerisch, nichtig, vergänglich.

Warum ist das so? Nun, was bringt es denn, äußerlich eine attraktive Frau zu sein, aber in Wirklichkeit im Inneren ein hässliches Wesen zu haben, abscheulich zu sein im

Denken, im Reden, im Tun – also im Herzen. In unserer Gesellschaft wird den Mädchen der Eindruck vermittelt: Sorge einfach dafür, dass du gut aussiehst, dann wirst du schon beliebt sein. Spiele mit deinem Charme, dann kommst du schon irgendwie gut durchs Leben. – Aber welchen Wert hat denn ein schöner, polierter, glänzender Apfel, der innerlich doch verrottet und voller Würmer ist?! So sind Anmut und Schönheit trügerisch und nichtig, denn das Äußere und Attraktive täuscht, wenn das Innere abstoßend ist.

Gottes Wort lehrt uns nicht, dass wir die äußerlich Schönen bejubeln und verehren sollen. Aber wenn es jetzt nicht die erfolgreichen, attraktiven Frauen sind, die zu rühmen sind, wer ist es denn sonst? Welche Eigenschaften der Frau werden in Gottes Wort gelobt? Welche Eigenschaften sind Gott wohlgefällig?

Natürlich könnte man noch weitaus mehr sagen; aber ich möchte mich einmal auf vier lobenswerte Eigenschaften einer »Frau nach dem Herzen Gottes« beschränken.

1

Das erste Merkmal einer lobenswerten Frau ist Gottesfurcht

Wir sind noch in Sprüche 31,30: »Anmut ist trügerisch und Schönheit vergeht, aber eine Frau, die den HERRN fürchtet, die wird gelobt werden.«

Das ist die Grundlage für alles andere, was folgen wird. – Wenn du als Frau den Herrn, deinen Gott, nicht fürchtest, dann wirst du nichts annehmen von dem, was dir jetzt noch weiter aus Gottes Wort gezeigt wird. Im Gegenteil, du wirst es verachten, verwerfen, wirst vielleicht sogar wütend und aufgebracht darüber werden.

Die erste, grundlegende Frage ist darum, ob du den Herrn, den einzig wahren Gott, erkannt hast und Ihn fürchtest.

	JA	NEIN
Bist du eine gottesfürchtige Frau?	○	○
Erkennst du, dass der Herr, unser Gott, der Schöpfer ist, der Herrscher, der Richter aller Menschen?	○	○
Hast du tiefe Ehrfurcht, heilige Furcht vor diesem Gott der Bibel?	○	○
Willst du Ihm dienen, Ihm gefallen, Ihm gehorchen?	○	○
Nimmst du diesen Gott ernst, und auch das, was Er zu sagen hat?	○	○
Willst du alles aufgeben, was Ihm missfällt und was Er Sünde nennt?	○	○

WISSE DARUM:

*Jede Frau
muss sich entscheiden.*

*Es ist die Entscheidung
deines Lebens, die wichtigste
Entscheidung.*

DU MUSST DICH FRAGEN:

Fürchtest du die Menschen, die Welt
und die Gesellschaft?

Oder fürchtest du den Herrn?

Folgst du dem Heiligen Geist,
oder folgst du dem Zeitgeist?

Die Gesellschaft gibt sich die größte Mühe, dir genau das Gegenteil beizubringen von dem, was Gottes Wort sagt. Darum musst du dich entscheiden:

Willst du demgemäß leben,
was die Welt sagt, oder was der Herr sagt?

Wenn du als Frau in unserer Zeit und unserer Gesellschaft den Weg von Gottes Wort gehst, dann wirst du belächelt und verachtet; du wirst als naiv, als rückständig, als dumm oder gar als verrückt dargestellt werden. Die Welt hat nämlich ganz genaue Vorstellungen darüber, wie eine Frau zu sein hat; und wenn du da nicht mitmachst, dann musst du einiges durchstehen. Das kannst du nur ertragen und erdulden, wenn du bereitwillig und gern, voller Freude und völlig überzeugt das tun willst, was Gott sagt; wenn du Gott mehr fürchtest als alle Menschenmeinungen. Die Frage ist also:

Wem möchtest du gefallen?
Wem möchtest du entsprechen?

Eine Frau ist dann zu loben und zu rühmen, wenn sie den Herrn fürchtet und das tun will, was Er sagt, egal, was die Leute dazu sagen. Wenn sie Sein Wort annimmt, wenn sie sich Seinem Wort unterstellt; wenn sie die Rolle annimmt, die der Herr der Frau

zugeordnet hat; wenn sie es annehmen kann, was der Herr in der Schrift sagt, in Bezug auf die Frau, auf das Eheleben, das Gemeindeleben, auf alle Bereiche. Wenn sie Gottes Wort hört, es annimmt und tut, egal, wie sehr sie dafür in unserer Gesellschaft verschrien wird. Dann verdient sie größten Respekt und Anerkennung. So eine Frau ist zu loben, so eine Frau ist bewundernswert. Wenn sie in einer gottlosen Gesellschaft gottesfürchtig lebt, das hat in unserer Zeit viel zu heißen. Und darum frage ich dich:

	JA	NEIN
Fürchtest du den Herrn?	○	○
Dienst du Ihm?	○	○
Bist du eine Frau, die sich abkehrt von allen Sünden und aller Gottlosigkeit, und die ein Leben für den Herrn führen möchte?	○	○
Die sich Ihm zuwendet, Ihn anbetet, Ihm dient und Ihm folgt?	○	○

Jesus hatte viele Jüngerinnen, und viele von ihnen hatten einst ein sehr, sehr gottloses Leben geführt; sie galten als »große Sünderinnen«. In Lukas 8,2 lesen wir von »Maria, genannt Magdalena«. Da wird gesagt, dass Jesus sieben

Dämonen von ihr ausgetrieben hatte. Sie wurde zum Herrn bekehrt, sie folgte Christus nach und diente Ihm. Sie wurde ein anderer Mensch – ein Mensch, der von Christus lernt, der Christus folgt und nun tut, was der Herr sagt. Sie wurde eine Jüngerin Jesu.

	JA	NEIN
Bist du eine Jüngerin?	○	○
Bist du eine Frau, die Gott und Sein Wort wirklich ernst nimmt, zu Herzen nimmt und danach leben will, weil Gott der Herr deines Lebens ist?	○	○
Bist du eine Frau des Wortes, eine Frau des Gebets, eine Frau, die nicht wie diese Welt lebt; eine Frau, die nicht sein will wie Marilyn Monroe, sondern wie Maria Magdalena?	○	○

Bist du eine Jüngerin, die sich abkehrt von allem Bösen, ein Leben zur Ehre Gottes führt; eine Anbeterin, die zur Gemeinschaft der Heiligen gehören will, zu der Gemeinde, zu den wahren Jüngerinnen, die dem Herrn treu nachfolgen?

Bist du eine Jüngerin,
die ein Leben führt in der
Furcht des Herrn?

Lasst uns solche Frauen bewundern, loben und rühmen – Frauen, die den Herrn fürchten, die ihr Leben in der Furcht des Herrn führen. Eine Frau Gottes, die das tut, die so den Herrn fürchtet und sich Ihm ganz unterwirft und unterstellt, eine solche Frau wird nun eine Fülle von weiteren Merkmalen, weiteren lobenswerten Eigenschaften mit sich bringen, denn aus der Gottesfurcht erwächst jede Menge wunderbare Frucht zur Ehre des Herrn.

Und so wollen wir nun das zweite Merkmal einer lobenswerten Frau anschauen – ein Merkmal, das aus der Gottesfurcht erwächst.

2

Das zweite Merkmal einer lobenswerten Frau ist ein sanfter und stiller Geist

Eine gottesfürchtige Frau,

die sich dem Wort Gottes freudig unterstellt, hat der Herr demütig und friedfertig gemacht; denn sonst würde sie sich dem Herrn nicht unterstellen und würde nicht tun wollen, was Er sagt.

Sie rebelliert nicht gegen den Herrn; sie ist demütig, zurückhaltend.

Sie will nicht aufbegehren, sich nicht auflehnen gegen den Herrn, sondern bereitwillig Seinen Willen tun.

Dieser sanfte und stille Geist einer gottesfürchtigen Frau zeigt sich dann auch im Umgang mit ihren Mitmenschen, mit ihren Mitbewohnern – mit ihrer Familie.

In den Sprüchen gibt es eine Sache, die öfter wiederholt wird. Wir lesen es in folgenden Versen:

»Es ist besser, in einem Winkel auf dem Dach zu wohnen, als gemeinsam mit einer zänkischen Frau in einem Haus.«

Sprüche 21,9

»Besser ist's, in der Wüste zu wohnen, als bei einer zänkischen und zornigen Frau.«

Sprüche 21,19

»Eine rinnende Dachtraufe an einem Regentag und eine zänkische Frau, die gleichen sich.«

Sprüche 27,15

Hier wird gelehrt, dass eine zänkische Frau unerträglich ist. Zänkisch bedeutet: Streit suchend. Es geht um eine Frau, die ständig rechthaberisch ist, aufmüpfige, freche, vorlaute, spitze Bemerkungen macht, die provoziert, eine Frau, die auf Krawall gebürstet ist, sich gern mit anderen anlegt und Streit sucht.

Eine gottesfürchtige Frau aber soll ein anderes Wesen haben. Sie soll nicht aufrührerisch sein, nicht streitsüchtig, nicht frech, nicht vorlaut, nicht gereizt; sie soll nicht launisch und schnell beleidigt sein. Sie soll ein freundliches Wesen haben, ein Herz, das nicht auf Kampf und Konfrontation angelegt ist.

DIE GOTTESFÜRCHTIGE FRAU WIRD HIER WIE FOLGT BESCHRIEBEN:

»Ihren Mund öffnet sie mit Weisheit, und freundliche Unterweisung ist auf ihrer Zunge.«

Sprüche 31, 26

Die gottesfürchtige Frau redet auch; aber ihre Rede ist nicht von schlechten Emotionen kontrolliert; sondern sie redet in Weisheit. Mit Bedacht spricht sie weise, freundliche Worte, sie gibt freundliche Weisung. Man könnte auch sagen: Sie redet gütige, barmherzige Worte. Eine gottesfürchtige Frau soll ein freundliches Wesen haben. Sie soll eben nicht diese immer schlecht gelaunte, gereizte, aggressive »Furie« sein, die dich sofort ankeift und angreift, sobald du etwas falsch machst, denn das macht eine Frau unerträglich für ihre Mitmenschen, sagt die Heilige Schrift. Sie muss ein freundliches, mildes Wesen haben.

Denk daran, dass das Buch der Sprüche vor allem für junge Männer geschrieben ist; es soll ihnen helfen, nicht an eine falsche Frau zu geraten, sondern nach einer gottesfürchtigen Frau Ausschau zu halten, mit der man tatsächlich sein ganzes Leben zusammen verbringen kann und von der man nicht vergrault wird.

Eine griesgrämige, verbitterte, unfreundliche, respektlose, unverschämte Frau kann so schön sein, wie sie will; wenn sie von ihrem inneren Wesen her giftig ist, immer gleich Konfrontation und Streit sucht, dann ist sie unerträglich und vergrault alle anderen. Eine Frau aber, die den Herrn fürchtet, ist nicht ständig am Nörgeln und Kritisieren; sie ist nicht ständig im Kampfmodus. Eine gottesfürchtige Frau ist sanft, freundlich und milde.

Nun mögen manche Frauen sagen: »Da haben wir es doch – die Männer kommen halt nicht klar mit selbstbewussten, starken Frauen, die nicht immer einfach den Mund halten.« Verstehst du nicht, worum es hier geht? Es geht hier nicht darum, was Männer toll finden. Es geht hier nicht um den Geschmack der Männer; der ist hier nicht ausschlaggebend. Denn Männer irren sich oft, auch was ihren Geschmack von Frauen angeht; sie lassen sich oft auf die falschen Frauen ein.

Es ist der Herr, der hier mit dir redet. Es ist der Herr, der Schöpfer der Frauen, der entscheidet, was schön ist an einer Frau.

Du bist nicht dazu da,
um Männern zu gefallen;
du bist dazu da, um deinem
Schöpfer zu gefallen.

Was findet Er denn schön? – Ein sanftes und stilles Wesen; das lesen wir im ersten Petrusbrief.

Wenn du den Herrn nicht fürchtest, wirst du diese Worte hier verachten, und sie werden dich verärgern; alles in dir wird gegen diese Worte streiten; du wirst dich gegen sie auflehnen; aber wenn du den Herrn fürchtest, stimmst du dem zu, ordnest dich diesem Seinem Wort bereitwillig unter, wirst es gern tun, und du wirst beten: HERR, lass mich genau solch eine Frau sein, wie es hier steht.

»Euer Schmuck soll nicht der äußerliche sein, Haarflechten und Anlegen von Goldgeschmeide oder das Anziehen von prächtigen Gewändern, sondern der verborgene Mensch des Herzens in dem unvergänglichen Schmuck eines sanften und stillen Geistes, der vor Gott sehr kostbar ist. Denn so haben sich einst auch die heiligen Frauen geschmückt, die ihre Hoffnung auf Gott setzten und sich ihren Männern unterordneten, wie Sarah dem Abraham gehorchte und ihn ›Herr‹ nannte.«

1. Petrus 3,3-6

Was ist vor Gott kostbar und wohlgefällig? Was findet der Herr schön an einer Frau? Einen sanften und stillen Geist, der sich darin zeigt, dass man auf den Herrn hofft und sich seinem Ehemann unterordnet.

Es geht also nicht um den Geschmack der Männer; es geht um den Geschmack des Herrn, um Seinen Willen und Sein Wohlgefallen.

GOTT FINDET FOLGENDES SCHÖN UND WERTVOLL:

Ein Wesen, das zurückhaltend, still, sanft und freundlich ist; eine Frau, die sich gern der Führungsverantwortung ihres Ehemannes unterstellt und kein Interesse daran hat, sich mit ihm zu zanken.

Aber sie ist dann nicht nur ihrem Ehemann gegenüber freundlich und demütig; ihr sanfter und stiller Geist zeigt sich in allen Beziehungen. Sie streitet mit niemandem. Die gottesfürchtige Frau verbreitet keinen Klatsch und Tratsch, keine Lästerei; sie sorgt nicht für Zank. Sie ist zurückhaltend, hat ihre Zunge im Griff; sie spricht freundliche, friedfertige, liebevolle Worte. Sie muss nicht allen ihre Meinung sagen und mit jedem die Auseinandersetzung suchen; sie ist still.

Zudem akzeptiert die gottesfürchtige Frau freudig, gern und bereitwillig Gottes Wort und auch das, was Er in Bezug auf das Verhalten der Frau im Kontext der Gemeinde sagt. Es gibt eine Stelle, die so manche gern aus der Bibel ausradieren würden. Der Apostel Paulus schreibt: »Denn Gott ist nicht [ein Gott] der Unordnung, sondern des Friedens. Wie [es] in allen Gemeinden der Heiligen [ist], sollen die Frauen in den Gemeinden schweigen, denn es wird ihnen nicht erlaubt, zu reden, sondern sie sollen sich unterordnen, wie auch das Gesetz sagt. Wenn sie aber etwas lernen wollen, so sollen sie daheim ihre eigenen Männer fragen; denn es ist schändlich für eine Frau, in der Gemeinde zu reden« (1.Kor. 14,33-35; ELB).

Oh, jetzt gibt es sicherlich Ärger, oder? – Dass Paulus mit ärgerlichem Widerspruch der Korinther auf diese Worte gerechnet hat, lassen uns die nächsten Verse vermuten: »Oder ist das Wort Gottes von euch ausgegangen? Oder ist es zu euch allein gelangt? Wenn jemand meint, ein Prophet oder [sonst] ein Geistbegabter zu sein, so erkenne er, dass das, was ich euch schreibe, ein Gebot des Herrn ist. Wenn aber jemand das nicht erkennt, so wird er auch [von Gott] nicht erkannt« (V. 36-38; ELB).

Verstehst du, was der Apostel Paulus hier mit diesen scharfen Worten sagen will? »Wer das nicht anerkennt, wer das anders handhaben will, der wird von Gott nicht erkannt. Zu dem spricht der Herr einst: Ich kenne dich nicht!« So klar drückt sich Gottes Wort hier aus.

Der Herr wünscht sich von
den Frauen, die Er geschaffen hat und
die Ihn fürchten, dass sie sich still verhalten,
sich nicht in den Vordergrund drängen,
nicht die Aufmerksamkeit auf sich ziehen,
sondern sich zurückhalten.

»Eine Frau soll in der Stille lernen, in aller Unterordnung. Ich erlaube aber einer Frau nicht, zu lehren, auch nicht, dass sie über den Mann herrscht, sondern sie soll sich still verhalten. Denn Adam wurde zuerst gebildet, danach Eva. Und Adam wurde nicht verführt, die Frau aber wurde verführt und geriet in Übertretung« (1.Tim. 2,11-14).

Eine Frau soll sich still verhalten, keine Redeaufgabe im Gottesdienst annehmen. Ihr wurde diese Aufgabe nicht verliehen. Aber bitte versteht es richtig: Es reicht auch nicht, einfach nur im Gottesdienst nichts zu sagen und still zu sein. Wenn der Herr von den Frauen fordert, still zu sein, dann erstreckt sich das über den Gottesdienst hinaus; es geht vielmehr um eine Herzenseinstellung. Denn was bringt es, leise zu sein, aber sich irgendwie seinen Teil zu denken, innerlich wütend zu sein und vielleicht ganz leise und heimlich giftige und gemeine Bemerkungen zu machen, vielleicht Gerüchte zu verbreiten. Ist eine Frau dann still?

Petrus spricht doch nicht nur von einem stillen, sondern auch von einem sanften Geist; er spricht von dem »sanften und stillen [Geist], der vor Gott sehr kostbar ist«. Es gibt einige Frauen, die sich zwar zurückhalten, kein Wort sagen; aber sie denken sich ihren Teil, und sie zeigen ganz genau, was sie denken, nämlich durch ihre Blicke und durch ihre unfreundliche Art und Weise im Verhalten. Aber Petrus sagt, dass die Frau auch von ihrem Wesen her sanft und freundlich sein soll. Eine gottesfürchtige Frau kann sich zurückhalten und sich unterordnen – unter Vater und Mutter, wenn sie noch zu Hause ist; unter ihren Ehemann, wenn sie verheiratet ist, und unter die Ältesten und die staatlichen Machthaber.

Ein Mann, der nach einer gottesfürchtigen Frau Ausschau hält, achtet auf diese Merkmale: Hat sie einen sanften und stillen Geist? Wie geht sie mit ihren Eltern um? Wie behandelt sie ihren Vater und ihre Mutter? Eine Frau, die so lebt, wie es Gott gefällt, ist respektvoll und freundlich.

MEINE FRAGE AN DICH, LIEBE FRAU, IST DIESE:

Ist das bei dir der Fall?

	JA	NEIN
Bist du demütig, ruhig, mild und freundlich?	○	○
Nicht rebellisch, aufsässig, streitsüchtig, ausfallend, schroff, harsch und spitzzüngig?	○	○
Hast du diesen sanften und stillen Geist, der eine Frau Gottes kennzeichnet?	○	○

Möge es doch bei dir der Fall sein;
denn der Herr hat Wohlgefallen daran.

3

Das dritte Merkmal einer lobenswerten, gottesfürchtigen Frau ist Anstand

»Ein goldener Ring in dem Rüssel einer Sau –
so ist eine schöne Frau ohne Sittsamkeit« (Spr. 11,22).

Sittsamkeit bedeutet, einen Sinn für Anstand und Benehmen zu haben; Urteilsvermögen zu haben; zu wissen, was sich gehört, und was nicht.

Mit anderen Worten:
Ein schöner goldener Ring im Rüssel
einer Sau, so ist eine Frau, die zwar schön ist,
sich aber wie eine Sau benimmt.

Das ist es, was damit gemeint ist: eine Frau, die keinen Sinn hat für Anstand und Benehmen, die keine Manieren kennt.

Noch einmal möchte ich wiederholen: »Anmut ist trügerisch und Schönheit vergeht«, sie ist nichtig. Wenn du eine wunderschöne Frau siehst, die sich aber einfach nicht benehmen kann, dann ist ihr Aussehen null und nichtig. Die Schrift lehrt uns darum immer wieder, dass Frauen anständig leben sollen.

»Ebenso [will ich] auch,
dass sich die Frauen in
ehrbarem Anstand mit
Schamhaftigkeit und Zucht
schmücken, nicht mit
Haarflechten oder Gold oder
Perlen oder aufwendiger
Kleidung, sondern durch gute
Werke, wie es sich für
Frauen geziemt, die sich
zur Gottesfurcht bekennen.«

1. Timotheus 2,9-10

Eine gottesfürchtige Frau ist sittsam; sie hat eine schamhafte Zurückhaltung. Sie ist keusch, anständig und rein; sie erlaubt sich kein sittenloses, schamloses, unzüchtiges, unanständiges, ruchloses Verhalten. Sie achtet auf einen ehrbaren, reinen Lebenswandel.

Manche Frauen haben ungläubige Ehemänner;
zu solchen Frauen sagt der Apostel Petrus:

»Gleicherweise sollen auch die Frauen
sich ihren eigenen Männern unterordnen, damit,
wenn auch etliche sich weigern, dem Wort
zu glauben, sie durch den Wandel der Frauen ohne
Wort gewonnen werden, wenn sie euren in
Furcht keuschen Wandel ansehen« (1.Pt. 3,1-2).

Eine Frau, die den Herrn liebt, lebt so in Gottesfurcht, dass sie dadurch einen reinen Lebenswandel führt. Sie ist dadurch nicht nur still und sanft; sie ist auch anständig und sittsam, ganz im Gegensatz zu der Frau Torheit, von der wir hören im Buch der Sprüche 9,13 (ELB):

> »Frau Torheit ist leidenschaftlich im Verführen,
> sonst kann sie nichts.«

Eine törichte Frau hat keine Zurückhaltung; sie ist hemmungslos, zügellos; sie nutzt schamlos alle ihre Reize aus, um Männern den Kopf zu verdrehen. Das Buch der Sprüche enthält zahlreiche Warnungen, sich nicht mit solch einer Frau einzulassen, die Verführung im Sinn hat; man soll nicht auf sie hereinfallen. In Sprüche 2,17 heißt es von einer ehebrecherischen Frau:

> »… die den Vertrauten ihrer Jugend verlässt
> und den Bund ihres Gottes vergisst.«

Ja, eben darum ist diese Frau töricht, hemmungslos und zügellos: weil sie ihren Gott vergessen hat. Darum hat sie keine Hemmungen, das Böse zu tun.

»Das Gebot ist eine Leuchte und das Gesetz ist ein Licht; Unterweisung und Ermahnung sind ein Weg des Lebens, um dich zu bewahren vor der bösen Frau, vor der glatten Zunge der Fremden. Begehre nicht in deinem Herzen nach ihrer Schönheit, und lass dich nicht fangen von ihren Blicken!« (Sprüche 6,23-25)

Seht ihr, was diese ehebrecherische Frau tut? Sie fängt die Männer mit ihren Blicken; sie schaut einen so liebevoll an.

»Siehe, da lief ihm eine Frau entgegen, in Hurenkleidung und mit arglistigem Herzen. Sie ist unbändig und zügellos, ihre Füße können nicht zu Hause bleiben; bald ist sie auf der Straße, bald auf den Plätzen; an allen Ecken lauert sie. Da ergriff sie ihn und küsste ihn, und mit unverschämter Miene sprach sie zu ihm« (Sprüche 7,10-13).

Und dann redet sie jede Menge böse, verführerische Worte. Weiter in Vers 21 lesen wir dann:

»Durch ihr eifriges Zureden verleitete sie ihn und riss ihn fort mit ihren glatten Worten.«

Eine Frau, die den Herrn fürchtet, wird nicht ihre Reize nutzen, um andere zum Sündigen zu verleiten. Eine Frau Gottes wird sich ehrbar, anständig und sittsam verhalten. Sie ist treu – treu ihrem Verlobten, ihrem Ehemann.

Auch wenn sie Single ist, wird sie treu darauf achten, dass sie nicht einfach mit Männern flirtet und spielt. Sie lässt sich nicht auf verheiratete Männer ein, sondern wartet auf den einen Mann, wenn sie heiraten möchte, und bewahrt sich für diesen rein.

Eine gottesfürchtige Frau hat keinen Gefallen daran, viele Männer zu haben; sie hat auch keinen Gefallen daran, dass ihr die Männer hinterherschauen. Eine gottesfürchtige Frau achtet darauf, wie sie sich benimmt, und das bedeutet auch: Sie achtet darauf, wie sie sich kleidet. Sie will sich nicht aufreizend kleiden.

In Sprüche 7,10 haben wir schon gelesen: »Siehe, da lief ihm eine Frau entgegen, in Hurenkleidung und mit arglistigem Herzen«, also mit verstecktem Plan im Herzen.

Eine gottesfürchtige Frau hat nicht den Wunsch, ihre Figur zur Schau zu stellen. Sie vermeidet körperbetonte Kleidung, die womöglich so eng ist, dass man quasi »alles« sieht, oder möglichst so kurz, oder mit so einem weiten oder tiefen Ausschnitt, dass einem »alles« präsentiert wird. Der heutige Trend ist, möglichst wenig anzuziehen und sich gegenseitig darin zu überbieten, möglichst wenig Stoff am Körper zu tragen.

Gottesfürchtige Frauen kleiden sich verantwortungsvoll, angemessen; sie versuchen nicht, die Aufmerksamkeit auf sich zu ziehen. Ja, eine gottesfürchtige Frau soll sich gern schön und elegant kleiden, adrett und geschmackvoll, hübsch und gepflegt. Aber eine gottesfürchtige Frau hat nicht das Ziel, »sexy« oder aufreizend auszusehen; sie will auf keinen Fall Aufsehen erregen. Und das bedeutet auch: Sie achtet darauf, dass sie nicht extravagant gekleidet ist; sie will nicht in irgendeiner Weise luxuriös protzen. Sie will sich nicht zur Schau stellen. Sie ist kein Model auf dem Catwalk. Sie macht sich nicht zu einem Lustobjekt. Ihr Reden, ihr Verhalten, ihre Kleidung, all das ist anständig, sittsam und rein. Sie bricht einem nicht das Herz; sie wartet auf den Richtigen, auf den, der für sie leben will, mit ihr leben will und sie lieben will.

Es bricht einem einfach das Herz; es ist sehr traurig zu sehen, wie viele junge Frauen sich kleiden und benehmen und sich dann jedem x-beliebigen jungen Mann hingeben, der daherkommt. Man fragt sich: Sind sie sich selbst so wenig wert? Sind sie so wertlos in ihren eigenen Augen, dass sie sich irgend jemandem einfach so an den Hals werfen?! Sie schenken sich Männern, die nicht ansatzweise daran denken, dass sie es wert sein könnten, ihnen immer treu zu bleiben, sie zu heiraten, sie mit Respekt und Anstand zu behandeln. Warum um alles in der Welt wurden Frauen zu diesem Punkt gebracht? Hat ihnen nie jemand gesagt, dass sie zu wertvoll sind, um sich irgendwem zu schenken?! Denken sie, sie seien so wenig wert, dass sie einfach herumgereicht werden könnten, dass sie sich so benehmen könnten, sich so billig hergeben könnten? Was in aller Welt ist los mit diesen jungen Damen?

Eine gottesfürchtige Frau wird sich unberührt bewahren für ihren Ehemann. Sie wird treu sein wollen, warten wollen auf den, der ihren Wert erkennt, der bei ihr bleiben wird bis zum Tod, der sie auf Händen tragen wird, sie lieben und ihr treu sein wird bis ans Ende. Diesem Mann gibt sie sich ganz hin, bei ihm allein setzt sie alle ihre Reize ein; für ihn bewahrt sie sich. Das ist nachzulesen in Sprüche 5,15-19.

Aber eine gottesfürchtige Frau ist nicht nur anständig in sexueller Hinsicht, sondern generell in ihrem Verhalten. Viele Männer haben heutzutage kein Benehmen und keinen Anstand mehr. Gentlemen gibt es kaum noch in unserer Zeit. Aber ebenso gibt es kaum noch anständige Damen – Frauen, die sich wie Damen zu benehmen wissen.

Eine gottesfürchtige Frau benimmt sich in jeglicher Hinsicht.

- Sie ist rechtschaffen.
- Sie ist keine Frau der Intrigen, der Lügen.
- Sie ist nicht hinterhältig.
- Sie lästert nicht.
- Sie redet nicht schändliche Worte.
- Sie ist treu und zuverlässig.
- Sie ist eine Frau mit Manieren.
- Sie führt ein Leben mit Integrität.
- Sie hat Anstand.

MEINE FRAGE AN DICH IST:

Wie ist das bei dir?

	JA	NEIN
Bist du wirklich eine anständige Dame, eine Frau, die sich benimmt?	○	○
Hast du ein gutes, vorbildliches Benehmen?	○	○
Führst du ein Leben mit Integrität?	○	○
Bist du treu?	○	○
Denkst du, redest du und handelst du wirklich sittsam?	○	○
Kleidest du dich anständig?	○	○

Denk über diese Dinge nach!

Hast du den Wunsch, einen in Furcht reinen Wandel zu führen, obwohl die Gesellschaft so verdorben, so sexualisiert, so unanständig ist?	○	○
Bist du eine anständige und gottesfürchtige Frau in dieser unserer Zeit?	○	○

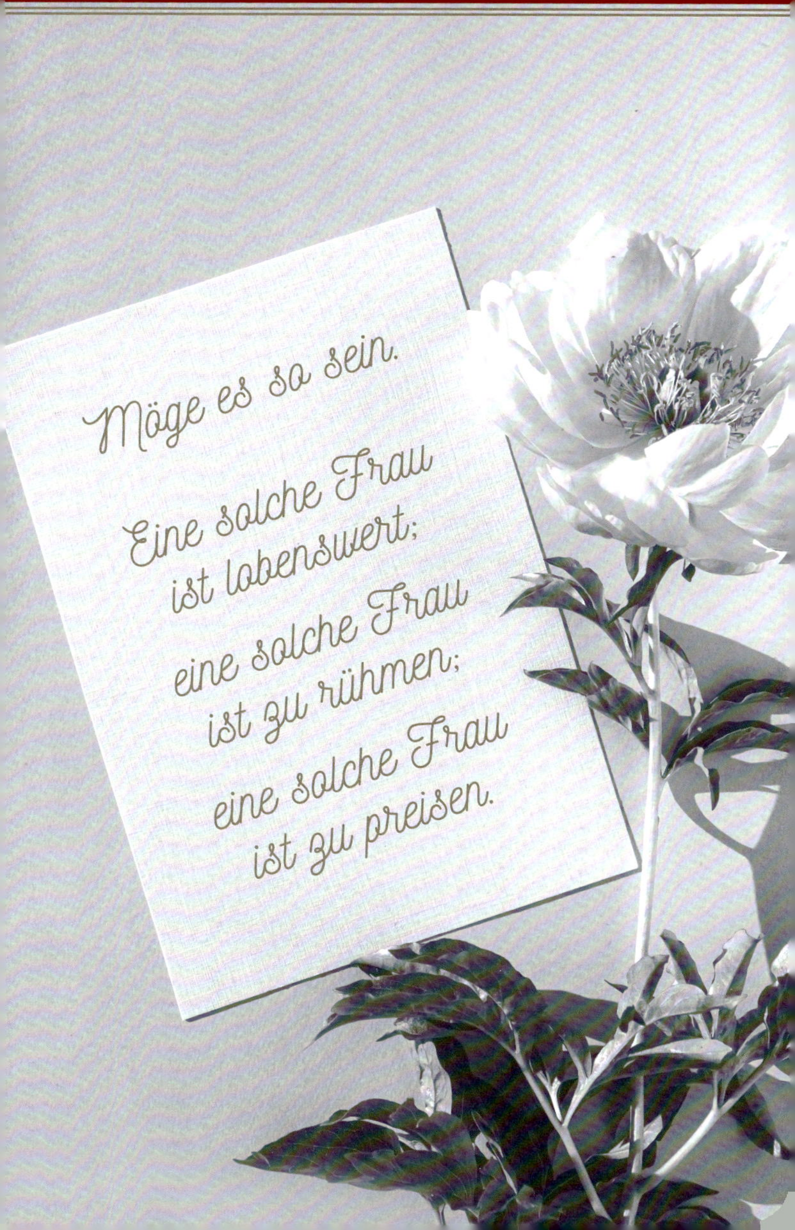
Möge es so sein.
Eine solche Frau
ist lobenswert;
eine solche Frau
ist zu rühmen;
eine solche Frau
ist zu preisen.

4

Das vierte Merkmal einer gottesfürchtigen, lobenswerten Frau ist Tüchtigkeit

Ob du Single bist oder Ehefrau und Mutter – gottesfürchtige Frauen sind tüchtig. Sie sind fleißig, geschäftig, »beflissen« – dieses schöne alte Wort. Beflissen bedeutet: mit großem Fleiß und Eifer um etwas bemüht zu sein. Sie sind eifrig, sie sind beständig um etwas bemüht; sie dienen fleißig. »Eine tugendhafte Frau – wer findet sie? Sie ist weit mehr wert als [die kostbarsten] Perlen!« (Spr. 31,10). »Eine tugendhafte Frau ist die Krone ihres Mannes, aber eine schändliche ist wie ein Fraß in seinen Gebeinen« (Spr. 12,4).

Ja, die Heilige Schrift lehrt, dass Frauen still und zurückhaltend sein sollen. Aber das heißt noch lange nicht, dass sie einfach passiv und inaktiv sein sollten – ganz im Gegenteil:

Eine gottesfürchtige Frau ist eine Frau der Tat; sie ist eifrig in guten Werken.

In Titus 2,3-5 beschreibt Paulus gottesfürchtige Frauen:

»... dass sich die alten Frauen gleicherweise so verhalten sollen, wie es Heiligen geziemt, dass sie nicht verleumderisch sein sollen, nicht vielem Weingenuss ergeben, sondern solche, die das Gute lehren, damit sie die jungen Frauen dazu anleiten, ihre Männer und ihre Kinder zu lieben, besonnen zu sein, keusch [da geht es wieder um Anstand], häuslich, gütig, und sich ihren Männern unterzuordnen, damit das Wort Gottes nicht verlästert wird.«

Hier seht ihr: Gottesfürchtige Frauen wollen lieber selbst in der Gesellschaft verlästert werden, als das Wort Gottes durch ihr Leben verlästert zu sehen. Es ist wichtiger, dem Wort Gottes gemäß zu leben, damit darüber nicht gelästert werden kann, als von der Gesellschaft akzeptiert zu sein.

Hier heißt es: Die Frauen sollen »häuslich« oder »mit häuslichen Arbeiten beschäftigt« (ELB) sein. Das bedeutet: Sie sind aktiv. Sie bemühen sich darum, ihren Mitmenschen Güte zu erweisen. Sie sind Hausfrauen. Hier steht eindeutig in Gottes Wort, dass Hausfrauen nicht minderwertig sind, ganz im Gegenteil! Sie sind vor Gott wertgeschätzt, geehrt, kostbar, ja kostbarer als die kostbarsten Perlen! Sie sind die Krone ihres Mannes, sein wertvollstes Gut.

Das sehen wir auch in 1. Timotheus 5: Wann soll eine Witwe von der Unterstützung der Gemeinde leben? »Eine Witwe soll nur in die Liste eingetragen werden, wenn sie nicht weniger als 60 Jahre alt ist, die Frau eines Mannes war und ein Zeugnis guter Werke hat; wenn sie Kinder aufgezogen, Gastfreundschaft geübt, die Füße der Heiligen gewaschen, Bedrängten geholfen hat, wenn sie sich jedem guten Werk gewidmet hat« (V. 9-10). Wir sehen hier: Es wird von einer reifen und gottesfürchtigen Frau erwartet, dass sie reich ist an guten Werken. Sie hat ihrer Familie in fürsorglicher Liebe beigestanden, auch den

Heiligen gedient, den Bedrängten, den Bedürftigen; sie muss reich sein in jedem guten Werk.

Nun magst du vielleicht sagen: Ich bin aber single; ich kann also nicht im Haushalt für einen Ehemann oder Kinder da sein; ich kann ihnen nicht liebevoll dienen. Nun, auch du solltest tüchtig sein.

In Apostelgeschichte 9 wird uns eine alleinstehende Frau vorgestellt. Von ihr heißt es dann: »In Joppe aber war eine Jüngerin namens Tabitha, was übersetzt ›Gazelle‹ heißt; diese war reich an guten Werken und Wohltätigkeit, die sie übte« (Apg. 9,36). Sie war also eine Frau, die tüchtig war; die eifrig bemüht war, gute Werke zu tun. Sie arbeitete, sie gab den Bedürftigen Geld, sie gab ihnen Beistand – sie war einfach tüchtig. Und dann starb diese gute Frau; das lesen wir in Vers 37. Dann heißt es ab Vers 39: »… und alle Witwen traten zu ihm, weinten und zeigten ihm die Röcke und Kleider, die Tabitha gemacht hatte, als sie noch bei ihnen war.«

Diese Frau nähte also Oberkleider, Gewänder für Witwen. Sie, die selbst alleine war, selbst single war, selbst keinen Mann hatte, setzte sich ein für die Einsamen und Hilflosen. Sie diente den ärmeren Christen. Sie arbeitete, sie tat, was sie nur tun konnte, um der Gemeinde Jesu zu dienen und den Heiligen beizustehen, um dem Herrn zu dienen mit ihrer Zeit und mit ihren Mitteln.

Eine gottesfürchtige Frau ist tüchtig. Sie ist nicht faul, sondern in aller Weisheit eifrig »beflissen«, eifrig bemüht, gute Taten zu wirken. Sie »baut ihr Haus«, heißt es in Sprüche 14. »Die Weisheit der Frauen baut ihr Haus, die Torheit reißt es ein mit eigenen Händen« (Spr. 14,1).

Den meisten Gläubigen ist jenes Lied in Sprüche 31 wohlbekannt; wir könnten es »das Loblied – oder die Ode – auf die gottesfürchtige Frau« nennen. Wir wollen einmal sehen, wie eifrig eigentlich die gottesfürchtige Frau ist, die zu rühmen ist.

»Eine tugendhafte Frau – wer findet sie? Sie ist weit mehr wert als [die kostbarsten] Perlen!

Auf sie verlässt sich das Herz ihres Mannes, und an Gewinn mangelt es ihm nicht. Sie erweist ihm Gutes und nichts Böses alle Tage ihres Lebens.

Sie kümmert sich um Wolle und Flachs und verarbeitet es mit willigen Händen. Sie gleicht den Handelsschiffen; aus der Ferne bringt sie ihr Brot herbei.

Bevor der Morgen graut, ist sie schon auf; sie gibt Speise aus für ihr Haus und bestimmt das Tagewerk für ihre Mägde. Sie trachtet nach einem Acker und erwirbt ihn auch; vom Ertrag ihrer Hände pflanzt sie einen Weinberg an.

Sie gürtet ihre Lenden mit Kraft und stärkt ihre Arme. Sie sieht, dass ihr Erwerb gedeiht; ihr Licht geht auch bei Nacht nicht aus. Sie greift nach dem Spinnrocken, und ihre Hände fassen die Spindel.«

Sprüche 31,10-19

Man sieht hier, dass eine gottesfürchtige
Frau gern aktiv ist; sie arbeitet fleißig und tüchtig.
Doch all dies tut sie nicht, weil sie etwa habgierig
nur an den eigenen Gewinn denken würde.

Es heißt weiter in Vers 20:

»Sie tut ihre Hand dem Unglücklichen auf und reicht ihre Hände dem Armen.«

Sie ist demnach eine gütige und freigiebige Frau, die sich über Bedürftige erbarmt.

»Vor dem Schnee ist ihr nicht bange für ihr Haus, denn ihr ganzes Haus ist in Scharlach gekleidet. Sie macht sich selbst Decken; Leinen und Purpur ist ihr Gewand. Ihr Mann ist wohlbekannt in den Toren, wenn er unter den Ältesten des Landes sitzt. Sie fertigt Hemden und verkauft sie und liefert dem Händler Gürtel. Kraft und Würde sind ihr Gewand« – und jetzt höre – »und sie lacht angesichts des kommenden Tages.«

Hier sehen wir, dass eine gottesfürchtige Frau ein unbekümmertes Wesen hat. Freundlich lacht sie dem nächsten Tag zu, weil sie in Gottesfurcht, in Gottvertrauen lebt, arbeitet und tüchtig ist.

Ab Vers 26 heißt es dann:

»Ihren Mund öffnet sie mit Weisheit, und freundliche Unterweisung ist auf ihrer Zunge. Sie behält die Vorgänge in ihrem Haus im Auge und isst nie das Brot der Faulheit. Ihre Söhne wachsen heran …«

Und jetzt hören wir,
was die Aufgabe von uns Männern ist,
wenn wir solche Frauen sehen:

»Ihre Söhne … preisen sie glücklich; ihr Mann rühmt sie ebenfalls: ›Viele Töchter haben sich als tugendhaft erwiesen, du aber übertriffst sie alle!‹ Anmut ist trügerisch und Schönheit vergeht, aber eine Frau, die den HERRN fürchtet, die wird gelobt werden. Gebt ihr von den Früchten ihrer Hände, und ihre Werke werden sie rühmen in den Toren!«

Ich will zum Ende kommen.

Welche Frau soll man also glücklich preisen, loben und rühmen?

- die Frau, die von Herzen den Herrn fürchtet und Seinen Willen tun will
- die Frau, die einen sanften, stillen, demütigen und freundlichen Geist hat; die sich bereitwillig, freiwillig, freudig zurückhält, sich unterordnen kann
- die Frau, die anständig, rein, keusch und sittsam lebt
- die Frau, die tüchtig ist, eifrig und fleißig ihrer Familie, wie auch ihren Mitmenschen, den Armen, den Elenden und den Bedürftigen dient

Möge der Herr euch, liebe Schwestern, segnen mit diesen heiligen Eigenschaften. Möge der Herr euch die nötige Gottesfurcht dazu schenken, sie euch erhalten und sie euch mehren. Wer von euch in dieser gottlosen Zeit so lebt, der ist eine Heldin – eine Frau, die Ehre, Lob und Anerkennung verdient.

Mögen die Brüder, die gottesfürchtige Männer sein wollen, auf diese Merkmale schauen! Mögen wir uns darüber freuen und diese Schwestern dafür preisen und loben, denn …

»Anmut ist trügerisch und
Schönheit vergeht,
aber eine Frau, die den
Herrn fürchtet, die
wird gelobt werden.«

Wie kann man ein glückliches Zuhause haben? Wie können wir unseren Kindern in einer Welt, die der Ordnung Gottes für eine Familie feindlich gegenübersteht, eine solide Grundlage vermitteln?

Matthew Henry beschreibt in diesem Buch die Schönheit einer Familie, in der Gott im Zentrum steht, die Ihn anbetet und für Ihn lebt, einander liebt und füreinander betet. Henry appelliert besonders an Familienväter, dass sie ihre großartige Pflicht und Verantwortung wahrnehmen, ihre Familie in der Gottesfurcht zu leiten, als solche, die darüber Rechenschaft ablegen müssen. Dann erklärt er, was eine christliche Familie ausmacht, und zeigt einige Motive für eine Familie mit Gott im Zentrum auf. Und schlussendlich gibt Henry wertvolle Ratschläge für eine von Gott gesegnete Familie.

Dieses Buch ist eine Ermutigung insbesondere für Väter, aber auch für junge Männer, aus ihrem Zuhause ein gesundes geistliches Umfeld zu machen. Abgesehen von dem wertvollen Inhalt macht auch das hochwertige Design das Buch zu etwas Besonderem.

Mehr als
alles andere behüte
dein Herz; denn
von ihm geht das
Leben aus.

Sprüche 4, 23